Madame
Poipoi

Monsieur
Henri

Gino
Marto

Rémi
Lepoivre

Adrien
Dubouchon

Mélanie
Lano

Tom-Tom et Nana
Les cartables décollent

Scénario : Jacqueline Cohen. Dessins : Bernadette Després.
Couleurs : Catherine Legrand.
7ème édition

A LA BONNE FOURCHETTE

Marie-Lou
Dubouchon

Yvonne
Dubouchon

Nana
Dubouchon

Tom-Tom
Dubouchon

© Bayard Presse (J'aime Lire), 1985
© Bayard Editions / J'aime Lire, 1990
ISBN: 2.227 73107.9

N° éditeur: 4143
Dépôt légal: 2ème trimestre 1992
Droits de reproduction et de traduction réservés pour tous pays
Imprimé en France par Pollina n° 75300

Le sac de gym

Voilà, il les a prises!

Hé! Tom-Tom! Qu'est-ce qui t'arrive?

Je... n'veux... pas aller à la gym!

Oh! Pourquoi?

Parce que... euh... je suis malade!

J'ai mal au ventre, aux pieds... partout...

...Mes parents, ils veulent m'obliger à faire de la gymnastique!

Oh! Mon pauvre!

Tu n'auras qu'à dire à la prof que tu as oublié tes affaires!

On va se débarrasser de ton sac!

J'ai une idée!

Madame! Vous avez perdu votre sac!

Mais non, mes cocos!! Je l'ai, mon sac!

?

Hé bien, il est à moi ce sac!

AïE!

HO!

BING!

Ah! ça alors!

Merci Jean-Lou Bart!

PFFFF

Hé bien, voilà! On s'en est débarrassé!

Ouf! Je me sens mieux!

HO! HO!

Dis-donc toi!!

? ? ? ? ? ?

Scénario H. Bichonnier et J. Cohen-

L'affaire du squelette

17

Mais non, idiot, c'est un coloriage!

Si c'est pas toi, c'est quelqu'un d'autre!

Tout le monde me prend mes affaires ici!

Tu n'as pas bien cherché... Allons cherche encore!

Elle est sûrement sous ton nez, cette feuille!

GRRRRRRR!

Il nous casse les pieds avec son squelette!

Je m'en fiche! Je retournerai toute la maison mais je le retrouverai!

109·4

19

21

Scénario J. Cohen -

Plus on est de malades, plus on rit !

...Sniff...
Et il va être tout seul, aujourd'hui ! Je ne peux pas aller le voir !

Et votre mari ?

Il est en voyage !

Et votre belle-mère ?

Elle a une crise de foie !

Sniiiiifff...

On irait bien, nous, mais c'est qu'on a du boulot !

Oooooh !!

Allons, ne vous en faites pas, on va essayer de trouver du monde pour lui rendre visite !

Oh, merci ! Je vous quitte, je dois aller travailler...

Psshiiii !...

106-2

Peu de temps après...
J'ai pris 5 bouteilles de Pétibulle! Et moi 1 kilo de boules magiques et de chewing-gums!

Quand même, ça me fait un peu peur d'entrer là-dedans...

HÔPITAL
SILENCE
VISITES

Y en a qui disent que ça sent mauvais!

T'en fais pas, j'ai pensé à tout!

ENFANTS
CHIRURGIE

Et puis, il ne faut pas faire de bruit!

SILENCE

Chutt! ch'est là!

007

Rémi! Mais ch'est ch'ouette ich'i!

Vous?

Tenez, voilà vos pyjamas! Le docteur va venir vous voir!

Le docteur?!?

Au poil! On va lui faire croire qu'on a une crise d'appendicite nous aussi!

PLOC

Comme ça, on sera tous les trois ensemble!

Il y a tout ce qu'il faut pour faire une appendicite là-dedans!

Avalez des chewing-gums! Maman dit que c'est ça qui m'a rendu malade!

Et sucez des boules magiques! Ça fait la langue verte!

gnegnegne...

Hop!

Le Pétibulle, c'est formidable pour les gargouillis dans le ventre!

Slurp!

Slurp!

PLOC!

106-6

Scénario J. Cohen et Rodolphe.

L'indigestion de géographie

40

Ce qu'il est beau ce résumé!

Je peux en manger un bout?

Le climat tropical est chaud et sec en hiver, chaud et humide en été. L'hiver peut durer dix mois, avec des températures très élevées.

T'auras juste le point final!

Pfff... De toute façon à force de l'entendre, moi, je le sais ce résumé!

Où en es-tu?

...chaud et chec en hiver!

Pfou!... j'en peux plus!

Courage, tu as presque fini!

J'ai mal au ventre!

Je dois avoir de la fièvre!...

Miam!

Tu crois que tu pourras aller à l'école?

oui, oui!

Et l'après-midi à l'école...
Alors ce résumé, qui va le réciter? Rémi Lepoivre? Josée Gomez? Tiens, Tom-Tom Dubouchon!

Le gâteau tropical est chaud... et...

?   ?

... moelleux en dessous... chaud et crémeux en dessus... la cuisson peut durer dix mois... avec un thermostat très élevé...

Mais, qu'est-ce qui lui arrive?

Ho! Ho!

Hi! Hi!

Ha! Ha!

Au secours!!! J'ai une indigestion! de géographie!!

J'ai jamais vu ça de ma vie!

PFFFFFF!

Vite! Vite, à l'infirmerie!

FIN

401-10

Scénario J. Cohen -

La cerise de Noël

On a le nez bouché, la gorge qui pique...

Oui, mais on peut faire du ski!

Merci! Pour se casser une jambe!

Oui, mais il y a de la neige en hiver, c'est joli!

Tu parles, il n'y a même plus de feuilles sur les arbres!

Mais si! Il y en a sur les sapins!

Oui, mais sur les sapins, il y a même pas de cerises!

C'est ça le pire, en hiver: il n'y a même pas de cerises!

95-2

46

J'arrive même plus à me rappeler comment c'est une cerise!

Allons, fais un effort, c'est rond...

...C'est rouge!

Et quel goût ça a ?...

...Comment ça fait, quand on a une cerise dans la bouche?

Ecoute, il faut te résigner mon pauvre Tom-Tom!...

Ooooh !!

...Il faut attendre le printemps! Trois, quatre mois, c'est rien du tout!

Jamais je ne pourrai... attendre jusque là...

...Ja-mais!!!

Mais j'ai une idée superbe!

95-3

Je vais hiberner comme les ours ! Je vais dormir et quand je me réveillerai, ça sera le printemps...

...le soleil, les fleurs, les feuilles et **les Cerises !!!**

Ouais, bonne idée !

Tu vas dormir pendant trois mois ?

Et alors ! Tu crois que je n'en suis pas capable ?!?

Ce qu'un ours peut faire, Tom-Tom peut le faire aussi !

Et toc !

Peu de temps après...

Tu as mes provisions?

Oui!

Tu n'as rien oublié?

Non, non, ne t'inquiète pas, je suis paré!

Je m'installe ici!

Veinard, ça va être super confortable!

Hé bien, au revoir ma chère soeur! A dans trois mois!

Sniff! Dors bien!

Trois mois ça va être long!

Silence j'hiberne... Réveillez moi quand il y aura des cerises!!

95-5

50

52

Scénario J. Cohen et Rodolphe.

Tous chez Michou Mod'!

Tom-Tom et Nana : les cartables décollent

61

Scénario J. Cohen et Rodolphe.

La grosse bagarre de Noël

Tom-Tom et Nana : les cartables décollent

Tu es fou! Tu n'arriveras jamais à le battre ce gars-là!

Il t'a déjà arraché un oeil et la moitié des cheveux!

J'm'en fiche! Il m'a insulté, il va payer!

Mais tu ne sais pas qu'il fait du judo?

Ah, bon!

Il est ceinture presque noire!

Tu es sûr?

Enfin! Bonne chance quand même!

Tom-Tom?!!

Adieu mon ami!

Dans quel état tu rentres!?!

(107.4)

72

Scénario J. Cohen et Rodolphe.

Bonne Année, Tante Roberte !

Et voilà, vous devez aller chez Tante Roberte à midi!

Moi? Pourquoi moi?

Pourquoi nous?

Vous savez bien que nous, nous allons chez tante Rosine!

C'est prévu depuis longtemps.

Allons... Passez une bonne journée, et embrassez-la bien de notre part!

Tante Roberte! Quelle barbe! D'abord elle ne nous aime pas...

... Et puis elle va encore nous servir son affreux ragoût de tripes de mouton à la sauce chou-fleur...

Berk!

Ça, c'est vrai... L'année dernière, j'ai failli vomir...

84-2

Vous exagérez... Ça se passera beaucoup mieux cette année!

Allez vite vous habiller, on part dans un quart d'heure!

On n'ira pas chez tante Roberte... Tu peux me croire ma p'tite!

Qu'est-ce que tu fais?

Je vais cacher les habits de papa! Aide-moi!

On part dans cinq minutes les enfants!

84.3

77

Allo, Roberte! Mauvaise nouvelle!... Figure-toi que... les enfants sont couchés avec quarante de fièvre...

Ho!... Et moi qui vous ai préparé un bon déjeuner!

...Nous sommes très tristes... Mais bonne année tante Roberte...

CLAC!!

Un peu plus tard...

Ben voilà, on va se mitonner un bon petit repas entre nous...

Et après on ira au cinéma!

On ira voir "La belle au bois dormant."

DRRIIING...

Tiens?

84-9

83

Scénario H. Bichonnier et J. Cohen-

La pub de l'année

C'qu'il est chic ce restaurant! Ils font de sacrés cadeaux!

Et nous alors? On n'offre jamais rien!

Bonne année, les amis!

Réveillon pas chèr — ambiance joyeuse

Regardez ce qu'ils donnent au "Homard Gracieux"! Ridicule! Pourquoi on n'en ferait pas autant?

Si vous voulez faire plaisir aux clients écrivez-leur de jolies cartes de vœux!

Bonne idée! Et ça vous fera faire un peu d'écriture!

Pffffff... C'est pas original!

Ben, essayez de trouver mieux! Nous, on a autre chose à faire!

108-2

Tom-Tom et Nana : les cartables décollent

Des cartes de vœux!

Boff!

Ce qu'il faudrait, c'est un petit cadeau qui leur donne envie de venir à la "Bonne Fourchette"!

Mais quoi?

Des fourchettes bien sûr!

Hum... Tu crois que c'est bien!

Mais oui! J'ai une idée hyper-super-géniale!

Vite! Des ciseaux, du papier, des feutres!

(108-3)

(108-9)

Scénario J. Cohen -

Retrouve tes héros dans le CD-ROM

Des jeux inventifs et un atelier de création
dans l'univers plein d'humour et de tendresse
des héros favoris des enfants de 7 à 12 ans.

CD-ROM MAC/PC

Bayard Editions / J'aime Lire
Les aventures de Tom-Tom Dubouchon sont publiées
chaque mois dans J'aime Lire
le journal pour aimer lire.
J'aime Lire, 3 rue Bayard - 75 008 - Paris.
Cette collection est une réalisation
de Bayard Editions.
Direction de collection : Anne-Marie de Besombes.